LE CATECHISME POISSARD

LE
NOUVEAU CATECHISME
POISSARD,

Démontrant la nécessité et l'art d'engueuler.

PAR LE

SECRÉTAIRE PERPÉTUEL

De l'Académie des Badouillards, Flambards, Chieards, Braillards et autres Sociétés buvantes.

PARIS,

B. RENAULT, ÉDITEUR

1844.

1846

Paris. — Imp. de Pommeret et Guénot, rue Mignon, 2.

LE

CATECHISME POISSARD.

LE DÉJEUNER DE LA RAPÉE.

Le dernier jour du carnaval,
A trois heures je fus au bal,
En équipage de poissarde.
Là, contrefaisant la mignarde,
Dans une loge à l'Opéra,
Un abbé de moi s'approcha.
Parbleu, dit-il, dame Françoise
Votre corset de siamoise,
Sur mon honneur, est fait au tour;
Ce petit chef-d'œuvre du jour
Renferme une gorge bien dure....:

Allez, l'abbé, c'est imposture,
Lui dis-je en lui poussant la main,
Dont le jeu devenait badin.
Comment donc, me dit-il, la belle,
Comment donc, me dit-il, la belle,

Vous voulez faire la cruelle ?

Laissez-moi prendre ces tétons !
Allez, monsieur tâté chiffons,
Je n'voulons pas de badinage
Qu'en manière de mariage.
Croit-il que j'avons destiné
Notre bonheur pour son chien de nez !
Non, je l'gardons à la Tulipe,
Qui nous a confié sa pipe
Pour assurance d'ses amours ;
Par quoi je l'aimons sans détours

Par ma foi, tu serais bien sotte !
Viens manger une matelotte,
Et boire d'un excellent vin
Avec un aimable blondin
Qui m'attend au moulin d'Javelle.

Allez donc, monsieur sans cervelle
'il n'a pas d'autre messager,
Sans nous, il pourra la manger.
J'suivons la méthode de Biauce,
Où chaque poisson a sa sauce :
La mienne est à la croque au sel,
La vôtre est à la maîtr' d'hôtel ;
Je ne voulons point de mélange.
Que ton propos tient du marché
Pas vrai, monsieur le débauché ?
Je n' sommes pas de ces grisettes
Qu'avons quantité d'amourettes.
Ni d' ces donzelles à bichons,

Qui soutenons des greluchons.
Voyez ce muguet trousse-cotte !
Qui voudrait nous manier la RIME :
Oui, c'est pour lui qu'on cuit chez moi !
Quien, l'abbé, v'là toujours pour toi...
N' me touche pas, c'est autant de taches,
Ou je te frise la moustache,
Avec le cul de mon chaudron,
Chien d' perroquet de Monfaucon !
Il fuit avec sa courte honte ;
Il faut jusqu'au bout qu'on l'affronte.
Adieu monsieur le calotin,
Reste de lèpre et de farein !
Adieu donc, conteur de sornettes
Casuiste de marionnettes !
Adieu, vilain singe à rabat !
Vraie figure de célibat !
Bonsoir, espalier de la Grève !
Que Dieu m'écoute et qu'il te crève !

A peine eus-je achevé ces mots,
que nombre de masques me proposè-
rent le fin déjeûner de la Râpée, et
de passer par le cimitière Saint-Jean,
pour nous faire dire des pouilles. J'ac-
ceptai ; nous commençâmes par atta-
quer une des plus fortes gueules du
marché Saint-Jean, en lui offrant le

sixième du prix qu'elle demandait pour du poisson et autres marchandises. Elle ne fut pas longtemps à réfléchir sur sa harangue. Je ripostai avec épigramme à chaque horreur de cette poissarde, qui soutint l'assaut environ trois quarts d'heure, après lequel temps je pris congé d'elle en ces termes :

Ton poissard. — Adieu, Margot la profiteuse infectée, gueuse à crapaud Garde ton poisson, il est pourri ; tu mets des influences de la lune dans les ouies pour le faire paraître frais. La vente du poisson n'est pas le plus fort de ton gagnage : c'est l'trafic de chair humaine qui te soutient dans tes biaux atours. Commode à tout usage, va, j'te reconnaissons ben, donneuse de nouvelles à la main : t'as plus tué d'hommes pendant l'hiver que toutes les gelées n'ont détruit d'insectes. Va te cacher, dépouilleuse d'enfants dans les allées. T'as eu la tapette et l'baudru ; j'tavons vu

faire la procession dans la ville, derrière le confessionnal à deux roues de
Charlot casse-bras, qui t'a marqué
'épaule au poinçon de Paris.

Adieu, figure d'oignon pelé, qu'on
ne saurait voir sans pleurer, gueule
d'empeigne garnie de clous de girofle
enchâssés dans du pain d'épice.

Du derrière de ma boutique tu en
ferais bien ton étalage, pas vrai, pa-
traque démantibulée, vieille citadelle
démolie, masure abandonnée, gouffre
de chair, cloaque empesté, sac à graillon, moule à Satan, barque à Caron !
Va! si j'faisions un chapelet de ma-
querelles, tu ferais bien le Pater.

Je passai à une autre, et lui dis des
gaudrioles qu'elle prit assez bien , ce
qui détermina une personne de la société, habillée en marquis, à quitter
le corps de réserve pour venir me joindre. Il prit le ton badin avec cette
fille, dont la figure était capable de
réveiller les plus assoupis, et lui dit
que ses merlans étaient courts.

Ton poissard.—Courts! monsieur, lui dit-elle, vous n'y pensez pas. En v'là de plus petits, de plus moyens, et v'là les plus grands de la saison, que j'vous vendrons cent sous la demi-douzaine. Allons, bijou, étrennez-nous joyeusement, ça nous port'ra bonheur en Dieu.

Tu te moques, dit le marquis, ils ne sont pas si longs que mon....»

Ton poissard. — Allez, Monsieur, j'crois qu'vous n'cachez pas tous vos mollets dans vos bas ; c'est comme la barque d'Anfere, ça ne sert plus qu'à passer l'iau. J'suis sûre que si je l'prenions, j'aurions bientôt conclu not' marché avec vous, car je ne nous tiendrions pas à grand'chose. Allez, Monsieu, j'sommes une brave et honnête fille, guieu marci, mais on ne nous en fera pas accroire là-dessus, Ecoutez, gros gausseux, j'allons vous donner six francs... et si le m..., v'là.

«Je le veux bien, dit le marquis;

mais je gage un louis contre les merlans qu'il y a bien à dire.»

Ton poissard.—Va, dit la curieuse,
qui ne risque rien n'a rien.

Tiens, dit le marquis.

Ton poissard. — Ah! mon cher
Monsieu! eh! vraiment oui, ce n'est
rien que mes merlans au prix; vous
les avez gagnés, ils sont à vous: je
vous les donnons de bon cœur... Là,
là, vous êtes bien pressé. J'aimons
mieux vous donner encore six merlans, et pis j'voulons voir si vous n'-
nous farcinez pas les yeux.

C'est trop juste, dit le marquis,
contente-toi, et garde tes merlans.

Ha! ah!... Hai, parle donc ma commère! Hai! viens donc voir, viens donc
voir!

Nous quittâmes cette jolie poisson-
nière pour aller joindre la compagnie
et déjeuner à la Rapée. A peine fû-
mes-nous sortis de la voiture, que
j'entendis des mariniers chanter à
tour de mâchoire. J'approchai d'eux

pour les écouter, sans être aperçu ; mais ils cessèrent leurs cantiques bachiques pour boire un coup de rogomme.

A ta santé, toi, dit l'un d'eux d'une voix enrouée. — Grand merci ! à la quienne aussi.

Cette cérémonie fit faire un silence qui m'ennuya. J'étais sur le point de m'en aller, lorsqu'un de ces rustres dit :

Ton enroué. — Hai ! Nicolas, donne-moi un peu de tabac en fumière. — J'n'en avons sarpedié pas une gringuenaude, dit Nicolas ; je n'ai que du tabac en rapière, que j'avons eu de deux particuliers que j'avons passés dans not'bachot avec une parsonnière. J'vas te conter ça.

La v'là, sous votre respect, qui s'assit sur la levée de mon bachot entre ces deux cadets. Je la visis qui coulait sa main avec douceur, là.... pour à celle fin de tenir à queuque chose en cas d'malheur. Je la reluquais. Alle voulut, à cause d'ca, nous fichei l a gouaye. Prends garde, dit-elle, de nous couler à fond en t'amusant à nous regarder. Mamselle, l'y fis-je, allez, vous n'avez rien à risquer, ça n'y va jamais.

Alle voulut jaspiner avec moi, m demandit si j'aimerais mieux faire autre chose que de ramer. J'ly disais, sans barguiner, que je ne souhaitions qu'une chose pour toute héritance. —Qu'est-ce que c'est, dit-elle?—Que mon bachot, l'y fis-je, soit percé de trente trous, et que chaque trou me rapportît autant que... vous m'entendez, suffit. Je serais, jarnigué, le plus content du monde.

L'abreuvoir manqua; on se leva, en disant d'un ton enroué: Allons chercher des cendres à la paroisse, sans quoi j'aurions pas l'absolution à confesse.

Je retournai rejoindre ma compagnie qui m'avait accusé de désertion; je racontai ce que je venais d'entendre, et l'on me manda, pendant le déjeûner les suivantes.

Un marinier rencontrant un de ses compatriotes, sortant du salut de Saint-Sulpice, lui dit ;

—Hai, Jacot, veux-tu payer demi-sequier ? — Non, répondit Jacot, laisse-moi, j'suis d'une colere d'un chien.

— Qu'est-ce que tu as donc ?

—Ce que j'ai, est-ce que tu n'étais pas au salut ?

Si fait !

— Eh bien ! t'as pas vu l'tour qu'oh m'a fait ?

— Non, ou le guiable m'instringle Queu tour donc ?

— Comment ? ce monsieur Charguenbaut, l'organis de Saint-Sulpice, s'en est venu m'accueillir, m'dire comme ça : Jacot, veux-tu venir jouer des ogres avec moi : Je le veux ben, lui dis-je. J'montons avec l'y, j'faisons la jouance ; j'prenons l'ton : j'souffle

Pangue lingua, l'chien joue l'*7e Deum.*

La fille de la Ango, fruitière des halles, épouse d'un agent-de-change, passant, un mois après son mariage, dans son territoire natal, fit arrêter son carosse pour parler à ses anciennes connaissances du quartier qu'elle appela de sa portière, en son idiôme ordinaire.

D'un ton poissard. — Haï! Marie-Louise! haï, Marie-Jeanne! ma commère! mon compère! haï! venez donc me parler.

Eh! qu'est-ce donc là qui vous appelle, dit une voisine? Qu'est-ce, di Marie-Louise! elle ne la reconnaî pas. Eh! c'est la fille de mameselle Ango, la grosse friquière-orangère... Quoi! c'est-y-là elle? dit la voisine, et vant'en-z'en, dit Marie-Jeanne. Dame! alle est comme une princesse. Haï! allons l'y parler, qu'est-ce que nous risquons donc? Est-ce que tu viens avec nous, toi, compère.

D'nn ton enroué. — Vantez qu'j'irons, et ces plus fiers d'la .bande encore.

Ton poissard. — Qui , toi, mane quin. dit Marie-louise.

Ton poissard.—Apparemment,madame Casaquin.

Ton enroué. — Eh! mais vraiment, monsieur Jérome.

Tu te présentes comme un atome. Ote-tsi d'là, tu m'effarouches.

Ton enroué.—Allez, que Gargantua vous bouche.

Ton poissard.—Nous laisseras-tu, chien d'épagneux.

Hai ! Marie-Jeanne! viens-y nous deux.

Bonjour, mameselle Manon. Eh! comme vous v'la brave! je n'vous reconnaissions pu : où allez-vous donc comme ça? — Qui, moi? je m'en vas acheter des livres pour mon homme, qni fait une bibliothèque : y m'a dit de prende le Montlhéri nouveau, Bestiol, Cul-de-Jatte, les Métaphores dO live, de la dernière oppression. Dîs donc, viendras-tu nous voir? J'sommes bien logés dà; j'avons champignon sur rue; c'est une belle maison où il y a des crampes de fer. J'avons deux salles remplies de belles dépeintures avec des cadavres dorés, des banquettes de moquette en magnière de velours, et des rustres de cristal minérable. Du vestambule on voit dans not'jardin des piralives et des essatues sur des pieds détestables; j'avons des estafilades d'appartements d'arrachepied, avec des portes d'excommúnication; de belles tapisseries d'Autelute. J'te régalerons ben, je mingeonsdans nos frécassées des treffles, des manilles, des moucherons. A not'dessert, j'avons des raisins de Coraindre, des mâches-pains, des castilles en magnière de conserve; j'buvons des vins de ligueur et d'la crême de Barbarie.

Notre homme est habillé, Dieu sait comme! Quien, mon enfant, il a des vestres de franchipane et de la moelle d'or, des bas de laine de Sigrovie à ses jambes. Dam! il a le moyen de soutenir tout ça, par rapport que monsieu son père a zu le vent en croupe; c'est ce qui fait qu'il a acheté de belles et bonnes rentes voyagères. Il a une terre qui a des droits de dos et be ventre; il est propriétaire d'une donne ferme dont son neveu en est l'usurier fruitier par un bail amphibologique.

Il est d'une bonne famille, il a un cousin qui joue des ogres, un autre qui a étudié, qui s'est fait passer maître lazart, un autre qui assassine les plaideux aux consuls, une cousine qui est tournière dans un couvent, et une sœur qui a épousé un cent de Suisses de la garde du château.

Son compère l'interrompit.

D'une voix enrouée. — Sarpejeu! mamselle Manon, lui dit-il, y gn'a qu'heur et malheur dans ce monde-ci. Il faut que chacun se pousse. Savez-vous que d'puis que j'nai eu la valiscence de vous voir, j'nous sommes produit l'investiture d'une charge de caporal des ports à pied, à cause que j'me suis toujours senti du goût pour ce qui est en cas de fait des armes. A propos d'ça, voulez-vous boire une goutte de paf.

Ton poissard. — J'voulons ben, dit mameselle Ango, en appelant son laquais. Saint-Jean! va nous chercher d'mi-sequier d'rogomme, j'boirons dans l'carrosse.

Marie-Louise et sa camarade y montèrent, Jérôme fit le quatrième: l'on y but un pot d'eau-de-vie à la fumée d'sa pipe et à la santé de mademoiselle Ango, de rechef et en réitérant.

Notre déjeuner se passa gaîment.

En montant en carrosse pour nous en retourner, j'aperçus un farau en chemise blanche, le troupet cardé, pipe en bouche et la canne à la main; jelui dis d'un ton de port:

Parle-donc, hai, chien ! les jours ouvrables sont-ils donc faits pour se promener.

Tais-toi, me dit-il, timbalier du roi d'Maroc, si j'avons le derrière ouvert, ce n'est pas à toi à fourrer ton nez dedans, aide-de-camp du pont St-Michel ! tu nous craches la crême de ton discours dans le visage.

Attends, lui dis-je, membre de gueux, j'allons te dire ta ginéalogie : ton fils est page public, il porte uu nœud d'épaule de bois sur quoi il décrotte les souliers de ses pratiques : une partie de ta famille a fait dépaver la Grève.

Ton père a été étouffé dans la fi-lasse ; il est mort en l'air avec un bonnet de nuit de cheval au cou, en faisant une grimace devant le Pont-Rouge.

Ton frère a été exposé sur le gué-ridon à jour.

Ton cousin noyé dans un cent de fagots.

Ils ont fait gagner le père nourricier des perroquets de la Villette.

Ça ne t'épouvante pas ; tu serais ben quinze jours au carcan sans rougir, pas vrai, reste de volaille de Montfaucon ! Saint Cartouche est ton patron, marionnette de pilori, syndic des maqueraux, balustre de la Grève, ornement d'échafaud ! Va, si je faisais un fagot de j... f..., tu ferais le plus fort parement.

SOIRÉES DES HALLES.

Margot. —Parle donc, hai! beau morciau ! si tu nous accostes pour nous dire des sottises en magnière d'injures, ça s'gâtera, Coco.

Coco — prenez donc garde ! Faut-y pas prendre des mitaines, vilaine pampine figure à chien, cul pourri, tête de singe, matelas d'invalides ; tu voudrais m'faire aller, mais ta colle ne prend pas.

Margot. — Si all'n'prend pas, on t'prendra, toi, chevalier de la grippe, Marlou. Mandrin était ton patron, et Poulailler ton ami; tu sors des Capuciens, morceau de chien; à présent t'iras z'au tabouret, marchand de chiflets... Mais quoique j'vois? tu te fâches, ah! c'est dommage! tu ferais mieux d'payer un coup de cassis, j'ai bien soif.

Coco. — Payer... quoi? Va, je t'pairai du f... j'ai de la braise, mais pas pour toi, enseigne de la Vallée, meuble de la ménagerie, t'as t'une main qui ferait fortune, si guy avait pas la gale après.

Margot. — Ah! bai! regardez l'donc c'fariau, comme il est biau l'monsieu coup-jarret; échappé de Bicêtre; morciau d'viande mal accroché cadavre pestiféré, cœur de citrouille fricassé dans la neige, récureux d'puits où l'on met la fricassée; t'as la gueule morte, avec ta mine de plures d'oignon; ton nez r'essemble an cul d'une jument.

Coco, — A qui r'ssembl's-tu, toi, charogne échappée d'la boutique d'l'écarrisseu, yeux chassieux pucelle de la rue Maubuée, mangeuse de tuyaux de pipes, voirie ambulante, pourriture pestiférée, donneuse de nouvelles à la main, paillasse de corps-de-garde, vilaine empoisonneuse d'hommes! c'est ton caribara qui fait le plus beau de ton gagnage.

Margot. — Queuqu'tu dis, vieux manche de gigot? bouquet sans queue, visage sans viande, bijou manqué, restant de galère, vieux cocodrille; ta mère était une voleuse et, ton père était un escroc, diable de perroquet à foin, visage de plâtre, enseigne de cimetière, figure de mann'quin, espalier de la Courtille, sac à vin, marionnette de la Grève, grand flandrin débauché, va te faire récurer aux Capucins.

Coco. — Va, vilain coulis d'emplâtre; visage à faire des culs, vieille volaille, gueuse à crapaud, coffre à graillon, chaudière à cervelas, cadavre à moitié démoli, poivrière de Saint-Côme, cul crotté, guenippe, dépendeuse d'andouilles. Tu t'souviens d'avoir vu à la Grève sous le menton de ta mère un grand désespoir d'filasse. Hu don!.. hu!.. carogne, source de vipères.

Margot ne pouvant plus résister fut obligé de se retirer.

SPIRITUEUX RÉBUS.

De Mam'selle Margot la mal peignée, reine de la Halle et marchande d'oranges.

Le Fareau. — Bonjour mam'selle Margot.

Margot.   Boujour l'Farau.

Le Farau. — Combien vos oranges ?

Margot. — Faut-il vous dire au
juste ? six sous pour vous.

Le Farau. — Oh? c'est trop.

Margot — Et vous.

Le Farau. — C'est trop, vous dis-
je.

Margot. — Vous ne les aurez pas
pour ce que vous en dites.

Le Farau. — Six yards.

Margot — Parle donc, Maris Jean-
ne, as-tu des oranges à six yards,
bailler à mosieu ? Où demeurez-vous
monsieu ? j'vais vous les envoyer par
le cousin de mon chien.

Le Farau. — Tais-toi, bégueule.

Margot. — Jérome, r'garde donc
ce monsieu qui m'appelle bégueule

Jérôme. — Qui, ce chien-là ? faut
sl'y tourner la tête sens devant dar-
rière.

Margot. — Ne t'y joue pas, car il
a un petit morceau de fer au cul.

Le Farau. — Vante-t'en, que j'en ons un pour faire la barbe à Jérôme.

Jérôme. — Qui? toi, carcasse embeurrée !J'te clourai l'âme entre deux pavés.

Le Farau. — Nous serions deux.

Jérôme. — Tiens, crois-moi, retire-toi; car j'te donnerons un rayon sur l'œil, qu'tu n'en verras goutte de six semaines.

Le Farau. — Si nous étions bien épeuré, tu nous f'rois quasiment peur, enfant de cœur de Marseille.

Jérôme. — Veux-tu te retirer, moule de gueux! car j'sommes d'ces chiens d'sus le port : si je n'nous r'lichons avec l'un, j'nous r'lichons avec l'autre.

Le Farau. — Nous serions deux, t'dis-je, n'téchauffe pas, car les pleurésies sont dangereuses c't'année.

Jérôme.— Veux-tu voir?

Le Farau. — Quoi voir? qu't'aboiras beaucoup, et qu'tu ne mordras pas.

Jérôme. — Attends, chien ! attends

que j'ayons mis notre habit bas, tu vas voir beau jeu !

Le Farau. — Finissez, vous dis-je, vous n'êtes pas méchant.

Jérôme.—Laisse-m'y passer, Maré-Jeanne, qué je palque collitre le mur ce grin idiot, ce grin coupe-jarret-là.

Margot.—Et y allez-vous en, aussi, quand on vous l'dis.

Le Farau. — Eh ! v'là ma commère la possédée ressuscitée ! Et comment te portes-tu d'pis que tu ne l'as vu ?

Margot. — Reind donc compte à Malbrou, cet échappé de pilori, c'morr ciau de viande mal accroché.

Le Farau. — Bon pour toi, pilier d'hôpital, confidente à soldats aux gardes, beauté manquée, dix fois vilaine, tapisserie de la Grève, morciau d'chien degoûtant ramassé dans un tas de boue, reste de mon souper d'hier au soir !

Margot. — Regarde donc, Maré-Jeanne, v'là-t-v pas un homme bien chié, pour nous appeler morciau de viande dégoûtant! Va s'il était là, y t'f'rait rentrer les paroles dans le ventre, idole de bois flotté. Queu peste de chevalier de parade!

Le Farau. — Qui, ton gueurluchon?

Margot. — Bon pour toi, pilier de Montfaucon, avec ta mine à Calot, capable de faire rendre le déjeûner à notre chat; va-t-en, te dis-je, avec ton cadavre pestiféré. Quien! que nous veut ce grand lanlade-là? Veux-tu t'en aller, vilain magot de la Chine! veux-tu courir, t'dis-je.

Le Farau. — Mam'selle la guenon, en as-tu assez dégoisé, avec ton nez propre à crocheter mon cul?

Margot. — Sais-tu ce qu'c'est, une guenon? enfant de dix-sept pères. diseux de bonne aventure, espion d'orphelin de murailles?

Le Farau. — Y a longtemps que je l'savons pour la première fois, car c'est toi qui as fait la fortune à Simone (1); tu dois bien t'en souvenir, puisque tout l'monde disait que tu avais le visage fait comme un sabot, et les yeux à fleur de tête comme un gros sou dans la poche d'un aveugle. Ai je menti, vilaine?

Margot. — Faudrait être sorti de ta bohémienne de famille, pour être un monstre de nature comme toi, l'horreur du genre humain.

Le Farau. — Tais-toi donc, poisson de la Halle, crême de laideur, honnête fille manquée, groin de cochon! Va, va, ne fais pas tant la fiare; car si t'as un tablier su l'cul, c'est ton soldat remplaçant qui t'l'a donné.

Margot — Et d'quoi t'embarrasses-tu, hai? n'y a qu'ça et les pommes cuites qui nous font vivre.

Le Farau. — Quien, r'garde donc cette belle et bonne chienne, la v'la

______

(1) Simone était une charlatane qui a long-temps rôdé dans Paris, et qui avait toujours une guenon avec elle.

rouge comme un rubis, belle comme un oignon ; on n'saurait la regarder sans pleurer : elle est propre comme une pelle à boueux, grave comme un pot de chambre égueulé.

Margot.—Eh ben ! est-ce là tout ? frime de Magot dessalé dans l'déboire d'une gueuse, cœur de citrouille fricassé dans la neige, récureux de puits où l'on chie ; t'as la gueule morte avec ta mine de papier mâché, ta peste de nez épaté, qui ressemble au cul à la jument de Maître-Jean.

Le Farau. — Pourquoi veux-tu qu'j'ayons la gueule morte ? Va, va, j'avons mangé de l'ail, j'l'avons forte ; or, je dirons en deux paroles et une berdouille que t'es une charogne échappée de la boucherie à Giroux (1).

Margot.— Va-t'en donc à la Grève, où ton père a été pendu, où tu s'ras

___

(1) Giroux est l'écorcheur de chevaux dea-ris

rompu, vilain, avec tes yeux chassieux.

Le Farau. — Si j'sommes rompu ;
t'y prendras les bains dans un cent
d'fagots avec toute ta clique et ton
Jérôme.

Margot. — Jérôme, entends-tu, c'-
visage antique, qui dit que nous serons brûlés ?

Jérôme. — Tu n'saurais y répondre que c'est jeudi son tour, que ses
billets d'entirement sont sous presse ?

Le Farau. — Tu badines, te dis-je,
car c'est demain que Charlot fera un
haricot de ton corps, comme étant
sorti des culottes à Cartouche.

Jérôme. — Attends m'y là, j'sommes à toi dans l'quart d'heure.

Le Farau. — Arrêtez donc cette
banneton qui a de la paille au cul.

Jérôme.—N'bouge donc pas, chien
reste donc là.

Jérôme va chercher un bâton, et
j'en revient ; le Farau en le voyant
venir met la flamberge au vent ; Mar-

got et Marie-Jeanne saisissent le Farau par derrière ; Jérôme profite de cela, saboule mon Farau, lui casse son épée ; la garde vient, on met les manchettes à Jérôme et au Farau ; Margot et Marie-Jeanne vont aussi chez le commissaire. Jérôme et le Farau vont aux Châtelet ; Margot et Marie-Jeanne sont renvoyées, mais menacées de l'hôpital.

Chemin faisant, Marie-Jeanne rencontre la Jacquelaine, qui lui demande trois liards qu'elle lui doit.

La Jacquelaine. — Eh ! mes trois yards, quand me les bailleras-tu ?

Marie-Jeanne. — Quand les poules marchèront avec des béquilles. (Elle lui montre des cornes).

La Jacquelaine.—Eh bien! puisque c'est comme ça, je ne te quitterons pas que je ne les ayons, on j'tarracherai ton bonnet.

Marie-Jeanne. — Quien, v'là toujours pour toi (ce sont encore des cornes qu'elles lui montre).

L a Jacquelaine. — J'veux que l diable emporte l'âme de mon chien, si tu n'me les donnes tout à l'heure.

Marie-Jeanne.—Tu n'les auras pas, car t'es une affronteuse.

La Jacquelaine. — Et toi, qué que t'es? une larronneuse, une pucelle de la rue Maubuée, coureuse de garçons.

Marie-Jeanne. — Dis donc, toi, vilaine empoisonneuse d'hommes , car n'en as-tu pas attrapé plusieurs, et tous enfants du quartier !

La Jacquelaine. — Va, va, j'avons toujours eu plus d'honneur que toi; j'n'avons pas paru à la police trois fois comme toi.

Marie-Jeanne. — Si j'y avons paru, c'n'est pas pour nos malfaits.

La Jacquelaine.—Tu nous en coules, ma mignonne ; va, j'te connaissons depuis longtemps.

Mari-Jeanne. — Quand tu nous connaîtrais; je n'sommes pas une effrontée comme toi; un reste de pâte

.out le monde; je n'allons pas de porte en porte pleurer et dire que j'nons pas d'pain.

La Jacquelaine. — M'y as-tu vue, mangeuse de tout bien, pilier de cabaret! quien, tais-toi; t'es encore saoûle.

Marie-Jeanne. — Faudrait-y pas être une gueule à tout grain comme toi?

La Jacquelaine. — Apprends qu'y n'y a qu'un chien qu'a une gueule, et q'j'avons reçu le baptème.

Marie-Jeanne.—T'en est pas meilleure pour ça.

La Jacquelaine. — J'valons bin notre dernière marraine.

Marie-Jeanne.—Qui! toi! ça n's'ra jamais ton tour. Qu'est-ce qui voudrait d'toi? car tu n'vaux pas un chien mort.

La Jacquelaine. — Et toi, la corde pur te pendre. La pourriture la pourriture.

Marie-Jeanne. —Ne crie point là,

pourriture; j'ons pas encore vendu mes hardes comme t'as fait pour vous faire blanchir.

La Jacquelaine. — J'aimons mieux être toute nue que d'avoir empoisonné tout Paris comme t'as fait. Quien, crois-moi, rind moi mes trois yards, ou j'allons nous torcher.

Marie-Jeanne. — J'sommes pour toi.

La Jacquelaine, — Dépêche-toi, te dis-je, de me les rindre.

Marie-Jeanne.—Les dépêches sont pendus.

La Jacquelaine.—Tu ne veux donc pas? Foi de Jacquelaine, je vais te prindre ton bonnet.

La Jacquelaine se met en devoir d'ôter le bonnet de Marie-Jeanne, qui lui baille une giroflée à cinq feuilles; elles se battent en relais: les bonnets sont saucés dans le ruisseau. Marie-Jeanne est cependant la plus forte; elle dit à la Jacquelaine, qui a les yeux pochés au beure noir:

En as-tu assez pour tes trois yards

La Jacquelaine répond : — J'sommes contente ; je les aurons toujours bin.

Marie-Jeanne. — Quien ! quand j'taurons encore donné le bal.

La Jacquelaine. — Tu n'oserais venir avec moi.

Marie-Jeanne. — Pourquoi pas? 'vons partout la tête levée ; toujours faisant bin, rien n'craignons.

Les voilà parties chez Caplin, où où elles demandent demi-septier de sacré-chien ; et la fin de ma comédie eur entre dans le ventre !

LA PIPE CASSÉE,

épi-tragi-poissardi-héroï-comique.

CHANT Ier.

Je chante sans crier bien haut,
Ni plus doucement qu'il ne faut,
La destruction de la Pipe
De l'infortuné la Tulipe.
On sait que sur le port aux Blés,
Maints forts à bras sont assemblés ;
L'un pour, sur ses épaules larges,
Porter ballots, fardeaux ou charges ;
Celui-ci pour les débarquer,
Et l'autre aussi pour les marquer.
On sait, ou peut-être on ignore,
Que tous les jours ayant l'aurore,
Ces beaux muguets à bran de vin
Vont chez la veuve Rabavin

Trempez leur cœur dans l'eau-de-vie,
Et fumer s'ils en ont l'envie.
Un jour que se trouvant bien là,
Et que sur l'air du bon Lanla,
Ils chantaient à tour de mâchoire
Maints et maints cantiques à boire;
Que gueule fraîche et les pieds chauds,
Ils se fichaient de leurs bachots,
Sans réfléchir qu'un jour ouvrable
N'était pas fait pour tenir table.
Hélas! la femme de l'un deux
Trouble-plaisir et boute-feux,
Arrive et retrousse ses manches,
Déjà ses points sont sur ses hanches,
Déjà tout tremble ou ne dit mot,
Plus de chanson, chacun est sot.
Jean-Louis, qui tout ceci regarde,
Veut appaiser sa femme hagarde,
Mais en vain est-on complaisant
Avec un esprit malfaisant.
« Tiens, lui dit-il, bois une goutte.
Va t'en chien, que l'aze te f.....
Lui dit-elle, élevant le bras.
Saquargué! tu me le paieras; »
Et bravement vous lui détache

Un coup de poing sur la moustache.
Jérôme lui saisit les mains,
Dont les jeux étaient inhumains :
« La paix, dit-il, morgué ! commère,
Vous avez tort. Allez compère,
Vous ne valez pas mieux que lui.
Vraiment, ce n'est pas d'aujourd'hui
Qu'on vous connaît, goeux que vous êtes,
A votre avis les jours de fêtes
N'arrivent-ils pas assez tôt ?
Jarni ! si je prends mon sabot,
e vous en   herai la gueule, !
Puis-je gagner assez moi seule
Pour nourrir quatre chiens d'enfants,
Qui mangeont comme des satans ?
Et ma fille qu'est en nourrice,
La pauvre enfant, Dieu la bénisse !
Un jour elle uarait beu du mal.
Tu me réduis à l'hôpital.
Jérôme, lâche-moi, j'enrage,
Ah ! tu vas voir un bon ménage !...
Va, sac à vin, crève, maudit.
A peine eut-elle ceci dit,
Qu'on vit renforcer l'ambassade
D'un duo femelle et maussade.

Jérôme voyant sa moitié,
Rit à l'envers, frappe du pied;
La Tulipe avisant la sienne,
Montée en belle et bonne chienne,
Eût mieux aimé voir un serpent,
On le beau-fils * qui rompt et pend
Ceux qui point dans leur lit ne meurent.
Enfin tous interdits demeurent
Dans un silence furieux.
L'une écrase l'autre des yeux.
Mais la grosse et rouge Nicole,
Recouvrant enfin la parole,
Ainsi que les gestes mignards,
Dit ces mots en termes poissards :
Vous v'là donc tableaux de la Grève;
Dieu me pardonne et qu'il vous crève!
Saint Cartouche est votre patron.
Françoise, tiens mon chaudron.
Allons, vilain coulis d'emplâtre,
Un diable et puis vous trois font quatre.
Marionnettes du pilori,
Restes de farcin mal guéri,
Enfants trouvés dans de la paille.
Sans nous vous faites donc ripaille,

(*) Le bourreau.

Visages à faire des culs,
Et trop heureux d'être cocus...
Cocus ! interrompit Françoise ;
Nicole, ne cherchons pas noise,
Si ton chien d'homme est dans le cas,
Tant pis ! mais le mien ne l'est pas.
Il l'est... T'as menti... Qui, moi ? paffe !
Un soufflet. Même pataraffe
Est ripostée. Autres soufflets !
Autres rendus. Adieu bonnets ;
Fichus de suivre la coiffure,
Tétons bleus , rousse chevelure,
De se montrer aux spectateurs.
Le feu, la rage au lieu de pleurs,
Sortent des yeux de chaque actrice ,
Et dans ce galant exercice
Elles allaient enfin périr
Si, forcé de les secourir,
On ne l'eût fait. Jean se dépêche
De puiser un beau seau d'eau fraîche,
Et, de nos braves s'approchant,
Les tranquillise en leur lâchant
Le tout à travers les oreilles.
On but beaucoup par là-dessus,
Et bientôt il n'y parut plus ;

Les voilà d'accord. La paix faite,
Jean-Louis chante, et l'on répète :
Or, voici ce que l'on chanta,
Et ce que chacun répéta.

Chanson de Manon Giroux.

Queu qui veut savoir l'histoire
    De Manon Giroux?
J'l'ons encore dans la mémoire,
    Y accourez trétous ;
All' n'est pas guère à sa gloire,
    Mais dam', voyez-vous,
C'est quand on z'aime tant à boire,
    C'est plus fort que nous.
Pour entrer dans la maquière,
    Faut savoir d'abord
Qu'alle a fait longtemps la fière
    Le soir sur le port :
Les messieurs de not' barrière
    D'sous l'bras la prenant,
Alle en avait par derrière,
    Et pis par devant.
Bachot de la Grenouillière
    Se croyait son futur ;
On l'avait fait son compère

Pour qu'ça fût plus sûr;
Manon faisant la z'huppée
    Comm'quand on za de quoi,
Dit : Y m'faut un homme d'épée,
    N'pensez plus à moi.
Bachot de la préférence
    Piqué comme un chien,
Pour afin d'avoir vengeance,
    Fait semblant de rien :
Man'zelle, n'y a pas de repique
    Dit-il, mais demain,
Quittons-nous, comme ça se pratique,
    Le verre à la main.
Ah? vraiment, monsieur, c'est juste,
    Drès demain c'est fait.
Man'zelle Giroux s'ajuste,
    Met son mantelet.
Bachot itout s'endimanche.
    Prenant Cornichon,
Tous trois vont casser l'éclanche
    Au premier bouchon.
V'là qu'pendant qu'Manon chopine,
    Cornichon qui part,
Vers les commis s'achemine
    Tout comme un mouchard;

Gn'a, dit-il, une marchande,
    Messieux, t'ici près;.
All'a de la contrebande
    Tout plein de paquets.
Bachot versant à sa belle
    Toujours queuques coups,
L'amuse à d'là bagatelle
    Autour des genoux.
D'abord son œil elle roule;
    Dame, lui qui voit ça,
Dit : sus votre respect, ma poule,
    Faut passer par là.
Elle avait sa cornette,
    Encor de travers,
V'là les commis en cad'nette
    Et z'en habits verts;
Tout chacun de surprise
    Tumbit de son haut,
De voir Manon Giroux grise,
    C'qu'est un grand défaut;
Quoi, c'est vous, mademoiselle,
    Dit l'un de ces messieux !
Vraiment vot'partie est belle,
    Fi ! qu'ça est z'honteux;
Est-ce ainsi qu'on se comporte!

C'est bon t'à savoir ;
Puis tous ils ferment la porte,
   Lui fichant l'bon soir.
Vous que cet exemple touche,
   Ça vous fait ben voir
Que fille qu'est sus sa bouche,
   Manque à son devoir,
Et, par cette historiette,
   On z'est convaincu
Qu'il ne faut pas que l'on pette
   Plus haut que le cu.

Alle est drôle, dit la Tulipe
En bourrant de tabac sa pipe;
Mais buvons t'un coup... C'est bien dit,
Si gn'en avait... J'avons crédit.
C'est, dit Jérôme, pas la peine;
Allons achever la semaine;
C'est demain dimanche, j'irons
Entendr'vêpres aux Porcherons.

CHANT II.

Voir Paris sans voir la Courtille,
Où le peuple joyeux fourmille,
Sans fréquenter les Porcherons,

Le rendez-vous des bons lurons,
C'est voir Rome sans voir le Pape.
Aussi ceux à qui rien n'échappe
Quittent souvent le Luxembourg,
Pour jouir dans quelque faubourg,
Du spectacle de la guinguette.

Courtille, Porcherons, Villette,
C'est chez vous que puisant ces vers,
Je trouve des tableaux divers;
Tableaux vivants où la nature
Peint le grossier en miniature;
C'est là que plus d'un Apollon,
Martyrisant le violon,
ure tout haut sur une corde,
Et d'accord avec la discorde,
seconde de rauques gosiers
Des fareaux de tous les quartiers.

C'est aussi là qu'un beau dimanche,
La Tulipe, en chemise blanche,
Jean-Louis en chapeau brodé,
Et Jérôme en toupet cardé,
Chacun d'eux suivi de sa femme,
A l'image de Notre-Dame,

Firent uu ample gueuleton.
Sur table un dur dodu-dindon,
Vieux comme trois, cuit comme quatre,
Sur qui l'appétit doit s'ébattre.
Est servi, coupé, dépécé;
Taillé, rogné, cassé, saucé.
Alors toute la troupe mange
Comme un diable, et boit comme un ange

A ta santé, toi. Grand merci,
J'allons boire à la tienne aussi.
Eh? Françoise, eh! tiens, si tu l'aime,
Prends le pilon... Prends-le toi-même,
Chacun peut bien prendre à son goût :
Et v'là très-bien, et si v'là tout,
Avons je pas une salade?
Non, non, ça te rendrait malade...
C'nest que quinz'sous... C'en est ben vingt,
Qui nous vaudront deux pots de vin;
Pour six une grosse volaille
Est autant qu'il faut de mangeaille,
Pas vrai, Jean-Louis? Réponds-donc!
Pas vrai qu'au lieur...Oui, t'as raison;
Mais varse-nous toujours t'à boire,
Et vraiment, ma commère Voire.

Et vraiment, ma... varse tout plein...
Il semble que tu nous le plain...
Moi, mon guieu non ; ben du contraire,
C'est que tu z'hausse en haut ton verre.
J'ai tort. Avons-je du vin ? Non.
Parlez donc , monsieux le garçon
Apportez du pivois , eh ! vite. »

Aussitôt la parole dite
On renouvelle l'abreuvoir ;
C'est alors qu'il faisait beau voir
Cette troupe heureuse et rustique
S'égayer dans un choc bachique
Vous, courtisans, vous, grands seigneurs,
Avec tous vos biens, vos honneurs,
Dans vos fêtes je vous défie
De mener plus joyeuse vie.
Vos plaisirs vains et préparés
Peuvent-ils être comparés
A ceux dont mes héros s'enivrent ?
Sans soins, sans remords, ils s'y livrent ;
Mais vous, prétendus délicats,
Dans vos magnifiques repas,
Esclaves de la complaisance,
Et gênés au sein de l'aisance,

Prétendez-vous savoir jouir?
Non, vous ne savez qu'éblouir :
Avec vos rangs, vos noms, vos titres,
Vous croyez être nos arbitres,
Pauvres gens, vos faibles lueurs
N'en imposent qu'à vos flatteurs;
Votre orgueil nourrit leur bassesse.
Toujours une vapeur épaisse
Sort de leur encens empesté,
Et vous masque la vérité.
Il est un prince qu'on révère,
Pour qui l'univers est sincère,
Qu'on aime sans espérer rien.
Qui? c'est vot'maître et le mien.
Demandez son nom à sa gloire,
C'est assez dit : parlons de boire.
Cependant, las de godailler,
Nos riboteurs veulent payer;
Pour payer demandent la carte.
Sitôt parlé, sitôt servis;
Mais, dit Nicole, à notre avis,
Combien avons-je de dépense!
Monsieur! lisez-nous c'te sentence,
Le total, oui, cinquante sous...

Cinquante sous! je vous en fous;
C'est trop cher... — C'est trop cher, madame!
Je veux que le diable ait mon âme.
Si je ne vous fais bon marché...
« Allez, monsieur le débauché;
Vous serez content de la bande :
Adieu, morceau de contrebande. »
La même table qui servit
D'autel à leur rude appétit,
Sans choix fut à l'instant choisie
Pour leur servir de tabagie,
C'est là que le trio d'époux,
Du hasard éprouvant les coups,
Gobait goujon, couleuvre, anguille,
En jouant à la biscambille.
Un contre un, écot contre écot,
Tandis que Nicole et Margot
Faisant compliment à François
Sur son casaquin de siamoise,
Afin que Françoise à son tour
Civilisât leur propre amour;
Propre amour! le terme est impropre,
Pour bien dire, on dit amour-propre.
Soit, je ne veux pas disputer :
Mon but n'est que de raconter.

Mais revenons à notre histoire :
A la réponse que faisait
Françoise à ce qu'on lui disait.
« Mon casaquin, leur répond-elle,
Vaut bien ce chiffon de dentelle
Qui vous entoure le cerviau.
C'est comme une fraise de viau,
Tous ces plis qui sont sur ta tête...
Tu raisonnes comme une bête,
Lui dit Nicole, et pour un peu,
Françoise tu verrais beau jeu.
Je te louons sur ta parure,
Et tu prends ça pour une injure !
T'as tort... mais tort, vente t'en zen,
Garde ton casaquin de bran,
Ou mange-le, que nous importe !
Il est à toi, car tu le porte,
Et not'garniture est à nous.
Quoi ! dit Margot, vous fâchez-vous ?
Queu chien de troin i tiens, toi, Françoise,
T'as toujours eu l'âme sournoise ;
Ton esprit surpasse en noirceur
L'trésorier de Notre-Seigneur.
Tais-toi, n'méchauffe pas, Nicole ;
Autrement, tiens, moi, je t'accole...

Toi, m'accoler ! ah ! je te crains.
Milguiux, si je te prends aux crins.
Tiens, veux-tu voir ?... Oui, voyons, touche
Mais touche donc... tu t'effarouches,
Gueuse à crapauds, coffre à graillon,
Tu te pâmes... vite un bouillon :
La v'là couleur de sucre d'orge
L'onguent gris li monte à la gorge;
Ses beaux yeux bleus devenont blancs,
V'là comme tu fais des semblans,
Quand ton croc veut que tu partages
Avec li ton vilain gagnage. »
A ces mots, Francoise pâlit,
L'ardeur de vaincre la saisit,
Et, d'un effort épouvantable,
Elle arrache un pied de la table,
Qui d'un bout, tombant en sursaut,
Va chercher à terre un tréteau.
De ce coup les cartes sautèrent,
Nos joueurs transis se levèrent,
Mais se levèrent assez tôt
Pour sauver la pauvre Margot
Du coup qui menaçait sa vie.
Françoise la suit en furie;
«Je veut, dit-elle, me venger!

A votre barbe la manger.
Comment! qui, moi, j'aurai la honte
De voir qu'à mon nez on m'affronte!
Ah! j'y perdrais plutôt mon cœur,
Mon c.., ma gorge, mon honneur.
tE v'là donc, chienne! Otez-vous, gare!
Elle frappe. » Jean-Louis pare
D'une main, de l'autre il surprend
Le bâton, et Jérôme prend
A brasse-corps notre harpie :
« Françoise, dit-il, je t'en prie;
Laisse ça là. Venons-je ici
Pour nous battre! que diable aussi,
Tu veux toujours gouayer les autres,
Et puis il t'enverront aux piautres;
Chacun son tour, ça, finissons;
Je te prends pour danser, dansons.
Prends Nicole, toi, la Tulipe.
Quitte pour un moment ta pipe
Morgué! tu fumeras tantôt!
Et toi, Jérôme, prends Margot.
Stella des trois qui la première
Aura d'la mauvaise maguière,
J'l'écraserons, alle verra,
Ou le diable m'écrasera,

Monsieu le marchand de cadence,
Vendez-nous une contredanse,
Sur l'air d'un nouveau cotillon. »

Soudain il sort du violon
Qui, par sa forme singulière,
Avait l'air d'une souricière,
Des sons que les plus fermes rats
Auraient pris pour des cris de chats.
Après la belle révérence,
On part en rond chacun s'élance,
Saute et retombe avec grand bruit :
Sous leurs pieds la terre gémit.
La haine de Margot la fière
S'envole parmi la poussière.
Françoise n'est plus en courroux
Ses yeux ont un éclat plus doux.
Nicole n'a plus de rancune :
La paix entre eux devient commun
Même on les vit s'entre-baiser
Quand ils furent saouls de danser.

L'heure de retourner au gîte
Venant pour eux beaucoup trop vite,
Il fallut payer sur-le-champ,

Et, comme on dit, ficher le camp ;
C'est sans dire adieu ce qu'ils firent,
Et de très bonne humeur sortirent ;
Tous six se tenant sous le bras,
Allaient plus vite que le pas.
Pour moi, je pris une autre route,
En m'acheminant sans voir goutte,
J'arrive chez moi plus tôt qu'eux
Tête pleine et le ventre creux.

CHANT III.

Le travail, les soins et la peine
Furent faits pour la gent humaine ;
Il est des travaux différents
Selon les états et les rangs.
Tout le monde ne peut pas naître
Prince, marquis, richard ou maître :
Mais chacun vit de son métier ;
Vive celui du maltôtier !
C'est où la bizarre fortune,
En suant roule la pécune,
A la barbe des pauvres gens ;
Serons-nous toujours indigents,
Nous dont les labeurs d'une année,
N'acquitteront point la journée

Qu'un sous-traitant passe à dormir ?
Espérons tout de l'avenir :
Mais en attendant qu'il nous vienne
Un sort heureux qui nous maintienne
Dans un état toujours oisif,
Il faut, moi, que d'un air pensif,
Je cherche et trouve par ma plume
La tabac que toujours je fume ;
Car non content d'être rimeur,
J'ai le talent d'être fumeur.
 l faut, pour la paix du ménage,
Que Jean-Louis se mette en nage
En travaillant au bois flotté ;
Que Jérôme, de son côté,
Comme la Tulipe d'un autre,
Suivant les lois du saint Apôtre,
Aillent chrétiennement chercher
De quoi dîner, souper, coucher,
Que leurs femmes laborieuses,
De vieux chapeaux fières crieuses,
En gueulant arpentent Paris
Pour aider leurs pauvres maris,
Lorsque leur ange tutélaire
Les conduit vers un inventaire,
Pour elles c'est un coup du ciel.

Un jour, sur le pont Saint-Michel,
Il s'en fit un. Elles s'y rendent
En arrivant elles entendent :
A vingt sous la table de bois;
Une fois, deux fois, et trois fois;
Adjugez. « Qui donc qu'on adjuge
Tout doucement, monsieur le juge,
Dit Nicole, je mets deux sous...
Par dessus?.. Où donc? par dessous?
Tiens ! veut-il pas gouayer le monde?
C'est dommage qu'on ne le tonde,
Car ses cheveux sont d'un beau blond.
La mère, vous en savez long,
Dit l'huissier, emportez la table.
Hé mais, vraiment, monsieu capable,
Reprend Margot, chacun pour soi.

Hé, par la saguergné, tais toi,
Françoise en haussant l'épaule.
Laisse monsieu jouer son rôle,
Vas-tu gueuler jusqu'à demain?
Notre maître, allez votre train ! »

Soudain meubles de toute espèce
Furent vendus pièce par pièce;
Mais notez que chaque achetant

Recevait son paquet comptant
De la part de nos trois commères,
Quiconque poussait les enchères
Un peu haut était empoigné ,
Et s'en allait le nez cogné,
Témoin une jeune fringante,
En mantelet, robe volante,
En bonnet à grand pavillon,
Qui la dansa, mais tout du long.
Ce fait vaut bien qu'on le distingue ;
C'est à propos d'une seringue,
Qui, par elle mise hors de prix,
De Françoise excita les cris.

« C'est pour vous, gardez-la, dit-elle ;
Hé ! Margot, vois donc c'te demoiselle !
Sa figure a, ma foi bon air ;
C'est un p'tit chef-d'œuvre de chair !
parlez donc, la belle marchand,
C'est-y pour laver votre viande
Que vous emportez ce bijou ?
Vous vous récusez plus d'un trou

Vous êtes une impertinnete,
Dit la demoiselle tremblante ;
Ceunss ezpropos clandestin.

Allez. J'n'entendons pas l'latin,
La belle; clandestin vous même.
Avec son visage à la crème,
Et puis ses beaux yeux mitonnés!
Mais qn'a-t-elle donc sous le nez
Qu'est noir, mon guieu, c'est une mouche.
Allez, qu'un cent d'Suisse vous bouche
Pour le coup, mon chien de poulet,
C'est bien la mouche dans du lait.
Quoi, vous vous en allez, ma reine !
Adieu, bel ange. Ah! la vilaine,
Qui donne à téter à son cou.
Allez, seringue... Y penses-tu,
Dit Margot? veux-tu bien te taire,
Gueule de chien, v'là l'commissaire;
Ça! tu gouayes, c'est un abbé.
Pargué, va, le v'là bon tombé,
S'il vient pour nous ficher la gnince.
Mesdames, un peu de silence,
Leur dit modestement l'huissier.
Ensuite il se mit à crier
Un jupon d'étamine noire,
Qu'on prit d'abord pour de la moire,
Tant les taches l'avaient ondé.
Margot l'ayant bien regardé,

Passe d'un sol. On le lui laisse.
Sur l'abbé offre de dix-huit deniers.

« Bon, les offrez-vous tout entiers,
Dit Margot faisant la grimace ?
Par ma foi, monsieu Boniface,
Quand vous auriez quatre rabats
V'là l'jupon, mais vous n'l'aurez pas;
Vot' mantiau tombe par filandre;
Au lieu d'acheter, faut vous vendre.
T'nez, rapportez-vous-en à nous :
A six blancs l'abbé de deux sous.
Le veux-tu prendre, toi, Nicole?
Qui, moi, je serais doncques folle,
Je perdrions moitié dessus,
Françoise, et toi?... Ni moi non plus;
Tu le gard'ras, toi, je parie ?
Moi? j'n'avons pas d'ménagerie;
Qu'en ferons-je donc? Dame, voi...
Vois toi-même, allons parle... moi...
J'en fais un heurtoir * de grand'porte...
Et moi, que le diable l'emporte,
Il en fera son aumônier. »

(*) Figure hideuse à laquelle est attaché le marteau

L'abbé, penaut comme un panier,
Dit : vous êtes des harangères ;
Finissez, trio de mégères...
« Ménagères, quand je voulons :
Avec ses souliers sans talons,
Le v'là dans un bel équipage
Pour parler de notre ménage !
C'est vrai, quoi qu'il vient nous prêcher !
Ne t'avise pas d'approcher,
Car le diable me caracole,
Si je ne t'applique une gnole,
Qui tiendrait chaud à ton grouin ;
Diable de perroquet à foin,
Mousquetaire de Piquepuces,
Jardin à poux, grenier à puces ! »

Elles l'auraient mangé si l'on
N'eût remis la vacation
A deux heures de relevée ;
Ce n'était là qu'une corvée
Pour nos trois femelles. Aussi,
En revanche l'après-midi,
Maints effets elles achetèrent,
Puis chez elles s'en retournèrent,
Où leurs trois maris cependant

Cadavre à moitié démoli. :
Va, poivrière de Saint Côme,
Je me fiche de ton Jérôme. »
Alors sautant sur le rideau,
Elle en arrache un grand lambeau ;
Françoise de son côté tire,
Et tire tant quelle déchire.
Même portion que Margot.
Nicole eut le troisième lot,
Non sans vouloir faire le diable ;
Mais Jean-Louis, d'un air affable,
Voulant apaiser le débat,
Leur dit : « Saqueurgué, queu sabat !
Tiens, femme agonise ta goule !
Crois-moi, mill'guieux si t'étais soule,
J' dirais : eh ben ! c'est qu'alle a bu.
Finis donc : un chien qu'est mordu
Mord l'autre itou, coûte qui coûte. »
A ce conseil Jerôme ajoute
Son avis, dit-il, écoutez :
« Pour un rien vous vous argottez
Quoi qui vous met tant en colère ?
Des gu'nilles ! v'là ce qui faut faire,
Faut les solir* cheux l'tapissier,

* Vendre.

Chopinaient en les attendant.

Les nippes sur tables posées,
Et les commères reposées,
Il fallut vider ou lotir ;
Cela veut dire répartir
L'achat des meubles fait entre elles :
Bon sujet à bonnes querelles.
Margot déjà commence par
Sauter sur la meillieure part ;
C'était un rideau de fenêtre.
Tu laisserais ça là peut-être,
Dit Françoise, ou ben j'allons voir.
Ncole qui veut les avoir
Aussi bien que ses deux compagnes,
Dit : « Tu le vois et tu le magnes ;
Mais v'là qu'est ben, restes-en là...
Qui, toi, chaudière à cervelas !
C'te vieille allumette sans soufre :
Mon guieu, v'là qu'alle ouvre son gouffre !
Prenez garde, all'va m'avaler...
Vas, tu fais ben de te reculer,
Dit Margot, contre ton chien d'homme ;
Car sans ça, tiens, tu verrais comme
Je soignerais ton cuir bouilli,

Et puis partager le poussier. *
Compère, interrompt la Tulipe,
Je donnerais quasi ma pipe
Pour être comme toi ch'nument
Retort dans le capablement :
Tu dis ben, faut faire c'te vente ;
Et drès demain, dà je m'en vante ;
Ou bien, moi, jé fiche à voyau.
Les pôts, les chenets, le rideau.
Le lit, les femmes et la chambre. »
Lors tremblantes en chaque membre,
Elles firent ce qu'on voulut,
Et puis, qui voulut boire, but.

CHAPITRE IV.

ROMAINS, qu'êtes-vous devenus,
Vous à qui les mœurs, les vertus
Servirent longtemps de parure ?
Amis de la simple nature,
 Le luxe, idole de Paris,
Lta l'objet de vos mépris ;
Votre sagesse sans limite

* L'argent.

Ne mesurait point le mérite
Au vain éclat de l'ornement ;
Et vous saviez également
Faire rougir ceux qui, sans place,
Sans dignités, avaient l'audace
De ressembler, par leur éclat,
A ceux qui gouvernent l'État.
Mais ici, quelle différence !
On n'estime que l'apparence,
Et c'est ce qui cause l'abus
Des états, des rangs confondus ;
C'est ce qui cause que Françoise,
Pour avoir l'air d'une bourgeoise,
Vient de se donner un jupon
De satin rayé sur coton ;
Que Margot vient de faire emplète
D'une croix d'or d'une grisette ;
Et que Nicole, s'endettant,
Vient à peu près d'en faire autant.
Mais je les trouve pardonnables,
Leurs dépenses sont convenables
Au motif de leur vanité ,
Qu'on doit prendre du bon côté :
La noce de Manon-la-Grippe,
Propre nièce de la Tulipe,
Cousine de Jérôme, et puis

Filleule de Jean-Louis,
Mérite bien que la famille,
Pour lui faire honneur fringue et brille;
Mais avant les plaisirs fringants,
On introduit chez les parents
Le futur avec la future,
Et l'on parle avant de conclure.

« Ma gnièce, dit Françoise, eh bien!
Et vous, mon n'veu (car vous s'rez l'mien)
Vous vous mariez, ça me semble.
Pour afin d'être joints ensemble.
Ça nous fera bén de l'honneur!
Vous paraissez bon travailleur,
Et ma gnièce est une vivante
Qui sait se magner... Ah! ma tante,
Vous avez ben de la bonté...
Non, foi de femme, en vérité!
Va, j'te connais, t'as du ménage :
Et c'est c'qu'il faut pour l'mariage.
Dame quand t'auras des enfans,
Pour qu'ils soient honnêtes gens,
Devant eux faudra pas se battre,
Jurer ni boire comme quatre,
    riboter aveuq st'ici,

Pour faire enrager ton mari.
Tu m'entends ben, pas vrai ?... — Sans doute,
Dit Manon, et si j'vous écoute,
Ma foi, c'est que je le veux ben.
Avec vos beaux sermons de chien,
Semble t'y pas qu'on vous ressemble ?
Allez, quand on za peur on tremble...

Quoi, dit la tante, cul crotté,
T'as ben de la glorieuseté !
Tu n'es qu'une petite gueuse !
Ta mère était une voleuse,
Et ton père un croc. Parle donc,
Dit Margot, diable de guenon,
Défunts mon cousin, ma cousine,
Étions près de toi d'la farine,
Creuset à malédiction !
T'as donc l'enfer en pension
Dans ta chienne d'âme pourrie?
Vieille anguille de la voirie !
Guenipe.. Moi, guenipe, moi !
Margot, mon p'tit cœur, bon pour toi
Guenipe est le nom qu'on te garde.
J'n'avons pas de fille bâtarde,
Et flatte-toi qu'un soutèneur

N'a pas trompé dans notre honneur ;
Mouche-toi, va, car t'es morveuse! »
A ces mots, Margot furieuse,
Grinçant les dents, roulant les yeux,
Lève un poing : mais entre elles deux,
Nicole adroitement se jette :
« Allez que le diable vous vergette,
Leur dit-elle en les séparant.
Mais Margot en se rapprochant,
Allonge et lève une main croche.. !
A mesure qu'elle s'approche,
Nicole en riant la retient :
« Margot, est-ce que ça convient,
Un jour d'noce ? c'est inutile.
Allons r'mets-toi dans ton tranquille,
T'es brave femme, on sait ben ça !
Ce mot de brave l'apaisa,
ême el le promit à Nicole
D'oublier tout et tint parole.
Sur le champ on vu
Qu'il était l'heure de partir.
On par t, et la compagnie
A la belle cérémonie
Assista très-dévotement.
Le notaire et le sacrement

Ayant autorisé la fille
D'être femme et d'avoir famille,
Et Georges d'être son époux,
Toute la bande au Pont-aux-Choux
S'en va sans prendre de carrosse,
C'est pourtant le beau d'une noce,
Mais quand le moyen est petit;
Et que l'on a grand appétit,
Il faut se passer d'équipage :
On arrive donc. Grand tapage,
Motivé par la bonne humeur,
Fait l'éloge de chaque acteur :
Sur la table une nappe grise
Est à l'instant proprement mise;
Et bientôt après le couvert
« Mossieu, j'avons faim. » On les sert.
Les deux époux, suivant l'usage,
Sont placés au plus haut étage :
« Allons, Margot, tiens, passe, toi.
Moi ! quand t'auras passé. — Pourquoi?
Pourquoi ! parce que t'es la tante,
Jérôme qui s'impatiente,
Pour les faire cesser leur dit :
« Morgué ! tout ca se refroidit,
Asseyez-vous donc, queux magnières.

Vous faut-il pas ben des prières
Pour vous faire assir? Mon guieu, non,
Nous y v'là t'il pas? — Ah! bon donc. »
On s'assied. Le vin, la bombance
Leur impose un joyeux silence;
Personne ne sert, chacun prend
Au plat et chaque coup de dent
Est enfoncé jusqu'à la garde;
L'une se jette sur la barde,
L'autre sur le cochon de lait,
Tandis que d'un fort gras poulet,
Margot ne fait que trois bouchées;
Ses manchettes toutes tachées
Par la graisse qu'on voit dessus,
Semblent des manchettes au jus.
Nicole à qui le gosier bouffle,
Dit : « Verse à boire, car j'étouffe.
Hé! parguié, dit Margot, prends-en;
J'aim'rais autant être au carcan
Qu'auprès de toi, car tu me saoule. —
Eh! va-t-en aux chiens, vilain moule,
As-tu pas peur qu'pendant c'temps-là,
On n'mange ton manger que v'là?
Mais voyez c'te diable de gueule!
T'es bonne, mais c'est pour toi seule;

Car tu sais la civilité
Comme un chien. A votre santé,
Monsieux, madame la marié..
Ben obligé, ben obligé. »
Les santés de r'chef d'tous côté
Sont à rasades ripostées;
Chacun crie à fendre la tête,
Françoise, qui toujours est prête
A faire entendre son caquet,
Veut crier puls haut : un hoquet
Lui coupe soudain la parole,
Il redouble. « Oh! lui dit Nicole,
Ne nous dégueule pas au nez.
Alors Jérôme dit : Tenez,
Pour que ça pass', buvez, commère ;
C'est l'droit du jeu. — Hé ben, compère,
A cause d'ça trinquons nous deux,
Voulez-vous? Pargué si je l'veux !
J'vous demande si ça s'demande ?
Puisque j'n'avons pus de viande,
Buvons d'autant. Hé! Jean-Louis,
A boire. Buvons, mes amis.
Ah! dit Nicole, ça m'rappelle
Note noce ; alle était ben belle !
T'en souviens-tu, Jean-Louis ?

—— u trop! —
Qu'un diable t'emporte au galop;
Que trop! voyez c'vieux cocodrille!
Ah! l'beau meuble! quand j'étais fille
Il v'nait fait faire l'calin;
T'es heureux double vilain,
D'mavoir, car sans ça la misère
Aurait été ta cuisinière. »
Au milieu du bruit qui se fait,
La Tulipe avait son briquet,
Le bat en allongeant sa lipe.
Les écoute et fume sa pipe.
Nicole poursuit son aigreur,
Son homme en rit de tout son cœur;
Ce rire insultant la désole :
« Ah! tu ris donc! belle idole;
T'as raison, oui, ris; va, chien,
Sur mon honneur, prends garde au tien.
Simone dit : quoi qu'tu tourmente ?
Vas, t'es bien impatientante
De venir comme ça nous ahurir.
Finis... Moi? j'veux pas finir.
Mais voyez un peu c'te Simone!
L'ordre me plaît. mais quand je l'donne.
Oh! dit Jérôme, point d'chagrin,

Aussi bien, v'là monsieu Crin-crin *.
D'la joie ! Allon, père la Fève,
Raclez-nous ça. » Chacun se lève
Et veut danser. Le couple heureux,
D'un air tristement amoureux,
Demande un menuet et danse
Parfaitement hors de cadence
Le marié, triplant le pas,
Ne sait que faire de ses bras ;
Geste, maintien, tous l'embarrasse,
Son épouse, avec même grâce,
D'un air légèrement balourd,
Traine le pied et tourne court.
Soit qu'elle fut timide ou fière,
Elle n'osait pas la première
A son danseur donner la main ;
Et même jusqu'au lendemain
Elle eût occupé le spectacle,
Si sa tante, d'un ton d'oracle
N'eût dit : ma gnièce l'aime long ;
C'est-il pour vous seuls le violon ?
Dam' c'est que vous n'avez qu'à dire ?
Croyez-vous que j'ons des pieds de cire ! »

(1) Le violon.

A ces mos le couple interdit,
Finit par faire place à huit.
Une joie épaisse et bruyante
En les fatigant les enchante.
Tout allait bien quand des fareaux
Sur l'oreille ayant leurs chapeaux,
Canne en main, cheveux en béquille
Entrent sans façon, et les drilles
Dansent sans être priés.
D'abord l'oncle des mariés
S'oppose à leur effronterie :
« Vous n'êtes pas de la compagnie,
Dit-il ; fichez l'camp sans fracas. —
J'voulons danser.—Ça n'sera pas.
Paix, le violen.—Moi, j'veux qu'il joue.—
Si c'est vrai que le diable me roue,
Dit Jérôme en gourmant l'un d'eux,
Celui-ci le prend aux cheveux.
Jean-Louis arrache la canne
Du second. Oh! gneux, j'te trépanne
Fli, flou. La Tulipe à l'instant,
Sans se gêner, toujours fumant,
En saisit un par la cravate.
Le courroux des femmes éclate,
Aeurs ongles, leurs dents et leurs cris,

Secondent leurs braves maris
L'horreur s'empare de la salle,
Et jamais à noce infernale
Il ne se fit un tel sabbat ;
Enfin dans le fort du combat,
Un coup lancé sur la Tulippe,
En cent morceaux brise sa pipe ;
De douleur il s'évanouit ;
Son vainqueur le croit mort, il fuit.
Aussi bien que ses camarades
Françoise par ses embrassades
Rappelle la Tulipe en vain ;
Il fallut dix verres de vin
Pour lui rendre la connaissence
Il revient, un morne silence,
De longs soupirs, des yeux distraits,
Avant-coureurs de ses regrets,
Exprimant sa triste pensée :
« Ma pipe, dit-il, est cassée !
Ma pipe est en bringue, mill'gueux !
Je l'vois ben, oui, je l'vois de mes yeux ;
Quand j'pense comme alle était noire !
N'y pensons plus ; il il vaut mieux boire... »
Pour l'oublier il se soûla,
Et la scène par là.

DIALOGUES DU CARNAVAL,

Un Malin. — Où vas-tu donc comme ça, cocher de hasard, avec ton équipage de pacotille?

Le Cocher. — Qui lui parle à ce faux malin; t'en as l'uniforme et v'là tout; les hommes font les habits, mais l'habit ne fait pas l'homme; tu n'es ni gros ni lourd, et si tu ne tais pas ta gueule, tu vas voir avec queu brosse je m'étrille.

Le Malin. — Toi, cocher de malheur! voisétu ces bras-là, c'est de la bonne acier, et si tu fais l'insolent, tu vas voir comment je me mouche.

Le Cocher. — Va donc, malin de carnaval; je vois ben pourquoi tu m'attaques, c'est pour dégueuler ton catéchisme; eh ben! commence, et tu verras si j'sommes dans le cas de t'répondre.

Le Malin. — M'entreprendre avec toi, cocher de fabrique; va apprendre à manier ton etrille, ruineux de loueurs de voitures; ce serait trop d'honneur te faire, et comme je n' veux pas perdre mon temps davantage avec un garnement de ton espèce, continue à brouetter ta faignante compagnie, chacun dans sa circonféférence.

Une poissarde.—Ah ça! dis donc, auras-tu bientôt fini? d'où vient ton humeur taquine? sus quelle herbe as-tu marché ce matin? enfin à qui que t'en as et qu'est-c e qui t'a seriné un peu ?

Le Malin. — A coup sûr, ce n'est pas toi, créature du petit peuple ; j' n'irais pas à si mauvaise école.

La poissarde. — Tiens , c'marpeau, n'dirait-on pas à l'entendre qu'c'est l'fils d'un duc et pair. Apprends, museau d'chien, que ne vient pas à mon école qui veut, et que pour être admis dans not'société, il faut savoir à qui que l'on tient.

Le Malin. — Pardine , v'là-t-il une belle société ! Ah ben! j' te conseille de la vanter ! grâce aux p'lures qui vous couvrent , vous trompez queuq's uns ; mais j'vais vous faire connaître à l'estimable public qui m'entoure.

A UN PIERROT.

Hé , Pierrot à la pâle figure , aux gros boutons, pitre de tireurs de cartes, amasseurs de badauds, faiseur de dupes à la journée, qui donc que ton maître a dévalisé pour te fournir de quoi rouler en sapin ? Je gage qu'c'est encore un tour de ton métier ; c'est pour attraper le public et faciliter les moyens d'travailler à tes escrocs associés, car si comme eux tu ne changes pas d'déguisement, c'est qu't'as au poignet les marques de certains bracelets qui t' forcent à porter des manches aussi longues. Avec ta mine pâle et blême, t'as l'air d'un oiseau de carême, tu t'mets du blanc d'Espagne sur la figure, pour te rendre méconnaissable à ceux qui t'ont vu sur le théâtre de la Cité. Mais t'as beau faire, tu n'échapp'ras pas au sort qui t'attend, mauvais ch'napan, et tu finiras ta chienne de vie autre part que dans ton ch'nil.

A UNE MÈRE ANGOT.

Tenez, r'gardez donc c'te mère Angot, c'est comme une vache avec ses veaux, entourée de maquereaux et de poupées ; d'ordures c'est un vrai trophée ; de tous les enfants qu'elle a pondus, eh ben ! pas un n'a atteint son but. Et, après avoir fait les cent coups, ell'vole maintenant les hommes saoûls. Jadis elle fut assez gentille, aujourd'hui c'est n'est qu'une guenille, et malgré les habits antiques qui couvrent cette vieille bique, je gagerions qu'un chiffonnier n'voudrait pas d'elle dans son panier.

A UN SAVOYARD.

Parle donc, hé ! Savoyard, ces jours-ci sont-ils faits pour se promener ! Queu métier qu'tu fais donc maintenant, on n'te voit plus sous les piliers ; tu quittes l'éventaire pour prendre la râcloire, et de marchand sans honneur tu te fais ramoneur. Sous c'déguisement, t'as p'tèt' plus de chalands ; comme les cordonniers d'campagne, tu chausses les hommes et les femmes; des boxons d'la Cité tu ramonnes tontes les cheminées et d'la suie qui en provient, tu l'avales tout les matins. C'est y cette anmple recette qui te rend si joliette, ou ben toute c'te peinture que t'as sur la figure? Aussi, pour faire tomber ce biau teint, il ne faut pas ètre le malin, car c'te beauté n'a pas de bail et au moyen d'une gousse d'ail, on verra ta vilaine face, et chacun fera la grimace; lors tout l'monde reconnaîtra c'te donneuse de nouvell's à la main, qui a tué plus d'hommes pendant l'hiver, que tout's les gelées n'on tdé truit d'vers. Va t'cacher, commode à tout usage, amuseuse d'enfants de tout âge, pilier de Paul Niquet; va-t'en pie sans caquet.

A UN MARQUIS.

Dites-donc, monsieu l'marquis, queu fète qu'c'est donc aujourd'hui comme vous v'la pomponné! vos aî-

l's de pigeon sont-y bien frisées ! ah,
j'devine, vous allez voir vot'poupon-
ne, vieux pénard, engeoleur de bonnes ; quand finirez-vous, libertin, de
courir après les catins. C'est z'hon-
teux à votre âge, d'êt'vicieux, si peu
sage ; encore ce vieux paillasson par-
l't-il d'morale en action ! Voilà comm'
sont ces hypocrites, ces incarnés,
ces âmes maudites. Tu d'vrais bien t'
corriger, après avoir été tant z'é-
chaudé ; car t'as beau t'parfumer, tu
empoisonn' tous les nez. Vraimen
ellea le cœur bon, elle qui écoute ta
passion. Adieu, baromêtre ambulant
gueule sans dents, dernier rejeton de
la noblesse à Martin Firou ; à fonds
perdus va placer tes sous, sauve-toi,
vieux matou.

A UN TURC.

En voyant c'fier Musulman, on
pourrait s'croire près des Balkans ;
rassure-toi promptement, beau sexe

qui m'entend : le Turc que tu vois
céant, ne l'est que par déguisement.
Sa femme, de deux jupons, lui a fait
un pantalon, de son grand châle, un
beau turban, et d'une camisole un
riche dolman ; mais c'qui choque tous
les yeux, c'est d'voir not'Turc en bas
bleus, sans cimeterrs, poignard, ni
dague, et ce qui est pire, sans blague.
Aussi, avec lui n'ayant rien à faire,
sur c't'olibrius j'vais me taire.

A UNE BERGÈRE.

Il faut z'avouer, dicime gothon, qu
t'as z'un fameux front, de t'montrer
en phaéton d'vant les gens du bon
ton. Sous ce dehors innocentins, vous
voyez la plus grande catin qu'ait en
anté le pays latin. Fille de voleuse et
d'arsouille, d'dans ses veines le vice
grouille. D'vant vous elle fait la bé-
tasse ; méfiez-vous de c'te double
face. A ces manières mijaurées on

n'dirait pas que c'te poupée, à la Bourbe, z'envoie un enfant tous les dix mois. Elle voudrait lui donner un père, mais dans l'doute elle ne peut l'faire, car elle sert d'amusement à messieurs les étudiants. Voyez, dans c'te conjecture, ce qu'est sa progéniture, et sans la grande maison, c'que deviendraient ses rejetons. C'n'est pas tout encore, sachez que c'te pécore a z'un trou sous l'nez impossible à combler, toute sa large panse la porte à la gueulance ; enfin, pcur un dîné vous en ferez c'que vous voudrez, et vous vous en tirerez, ma foi, comme vous l'pourrez

A UN JEANNOT.

Qu'as-tu donc, mon pauvre Jocrisse ? est-ce que tu as la jaunisse, ou bien reviens-tu du Simplon ? t'as une vraie figure de passion. Ta perruque toute roussie nous dit q'tu n' r'viens pas d'la Russie, et qu'dans un pays plus chaud t'as manqué d'y laisser ta peau. T'as p'têtre eu queu'qu mauvaise affaire dans le royaume de Bavière. Vrai, t'as l'air d'une bête; on dirait qu'tas perdu la tête, et si j'n'apercevais ta queue, j'te croirais passé au bleu; mais elle est toujours en trompette, comm' cell' d'not p'tite finette. Qu'as-tu douc fait de c'te gaîté qui amusait les sociétés? Il faut qu'étant à Saint-Mâlo, tu l'aies laissé tomber dans l'eau. Autrefois, espiègle et malin, voilà ta ressemblance; maintenant couenne et serin, voilà la différence.

A UN PRINCE.

Dis donc, prince de Cahors, moitié chien, moitié porc, comme te v'la bichonné! c't'habit, ousque tu l'as volé? t'aurais ben dû, par la même occasion, prendre une tournure z'analogue à ta p'lure, de plus nobles

manières qui ne sentent pas tant l'é-
ventaire, des jambes moins torses, des
genoux moins cagneux, enfin tout ce
qui t'manque pour être mieux, car
vraiment c'n'est pas pour médire,
mais t'as l'air d'un prince de saint em-
pire.

À UNE POISSARDE.

Hé godeau! hé voleuse! lanterne à
quatr'faces, poupée à r'sort, c'est à
toi que j'parle, entends-tu belle poissarde; toi, dont l' poitrail ressemble
à l'étalage d'une boutique à 15 sous;
toutes tes plus belles pièces sont en
montre, t'as ben soin d'cacher cer-
ain endroit ousque l'poinçon d'Paris
y a z'été appliqué. Comben as-tu r'çu
pour faire d'la joie publique? répond
donc, double bourrique, paillasse,
soldats, souillon de cabaret, morceau
de morue ramassé sur un tas de boue
vieille pampine, arraignée de bastrin-
gue; gueuse à crapaud, vieille cita-

delle démolie, voleuse de garni, ves-
tale de la halle au blé, oignon pelé
on ne peut te regarder sans pleurer.

SCÈNES GROTESQUES.

Un apothicaire. —Ma belle demoiselle, vous me paraissez bien échauf-
fée, prenez garde de vous enrhumer,
vous êtes déjà bien enrouée. Si vous
aviez, par hasard, besoin de mon
petit ministère, je vous réponds que
c'est un excellent antidote contre les
coliques bilieuses; vous n'avez qu'à
parler, je suis prêt à vous l'adminis-
de la manière la plus habile.

La Poissarde. — Voyez-vous ça,
monsieur Tirebile, limonadier des
postérieurs, qui vend la mort dans
ses liqueurs. Combien l'vends-tu, c'
bouillon pointu? j'te l'paierons quand
j'laurons rendu; entends-tu, vraie figure à bière, propre à parler à des
derrière. Veux-tu te sauver, race de
vipère avec tes lunettes de travers tu

l'mettrais d'côté, ton méchant clistère.

Uu Savetier. — Eh, tiens, c'est Marie Malaisée! n'dirait-on pas qu'c'est que'que chose, parce qu'elle a une robe neuve sur son dos d'emprunt?

La poissarde. — Liens, c'restant d'galerien, n'dirait-on pas qu'il a d'la bile, avec ses jambes frites comme des quilles, mais voyez donc ce poupon d'anfer avec sa gueule de Lucifer..... Veux-tu t'sauver, vilain tout laid avec ta figure de barbet.

Une Écaillère. — Dis donc, mam'zelle Ripopée, avec ton gosier camphré, tu fais bien des embarras comme si on n'te conuaissait pas; est-ce que t'as mal étrenné, qu'te v'la si fort enragée, mal peignée ?

Un Arlequin.—Langodémi! qu'elle est zolie!.... petite friponnette, si tu voulais m'aimer, ze ferais ton bonheur.

Une poissarde, — Moi t'aimer, vilaine araignée!...Avec sa figure de carlin n'dirait-on pas d'un vrai doguin!

Veux-tu te cacher, vilain rouchi, tu reviendras quand tu te seras blanchi.

L'Arlequin. — Tont doux, tout doux, ma brunette ! ze veux te faire si heureuse, si heureuse, que les fées seront jalouses de ton bonheur.

La poissarde. — Mais l'voyez-vous, c'vilain sans cœur, s'il n'a pas l'air d'un vrai Chinois, avec son vilain minois, son habit tout bariolé, d'trente-six morceaux rappetassés ? Veux-tu t'cacher, pestiféré, vilain bâtard de chiffonnier.

Un chiffonnier. — Que' qu't'as à dire des chiffonniers, vilain morceau ma accroché ! Dis donc, mauvais restant de mann'quin, les chiffonniers ne te doivent rien ; c'est toi qui leur dois tes tétons, car y sont tout bâtis de chiffons, vilaine paillasse à marmitons.

La Poissarde. — Voyez - vous, M. Cendrillon, avec son p'tit minois marron, s'y n'a pas l'air d'un vrai

Cerbère, c'mauvais marchand d'lapins d'gouttière.... Va donc, vilain
pilier de la Grève, tu seras riche si
tous les chiens crèvent. T'as volé
que'que marchande d'harengs pour
monter ton établissement; va donc,
figure de tabouret, j't'irons voir en
face le palais. C'est là qu't'auras l'air
mirliflor, monsieu l'négocïant z'en
chiens morts; va donc, vilain magot
d'la Chine, t'as de la boue jusqu'à
l'échine.

Le chiffonnier. — Va donc, man-
n'quin d'marchand de vin; va-t'en
donc faire la *tintin* avec tous tes vieux
lapins...... Mais relâche-nous donc,
Marie Graillon, avec tes tétons d'chiffons! y ne sont pas seulement z'égaux,
il y manque un coup d'rabot.

L'Écaillère. — Mais voy z donc
c'te Margot, avec sa tête à Calot, c'beau
restant du Pont-au Change. va t-en
donc vilaine voirie, vierge de la rue
de la Tannerie.

La Poissarde. · Voyez donc mam'zelle Chipie, avec ses huîtres pourries, c'est toi qui les a gâtées ; *tu l'es* jusqu'au bout du nez. Sauve-toi donc, maudite carogne, vilaine volaille à ivrogne. C'est le plus beau de ton métier ; car, sans quelque mauvais miché q'tu fais en buvant d'mi-setier, t'irais souvent t'coucher comme l'matin tu t'es levée.

Un Sultan. — S'il se trouvait dans mon sérail de pareilles odalisques elles seraient bientôt empalées, j'en jure par l'alcoran.

La Poissarde. — Voyez donc, monsieur l'sultan d'bran, Tiens, monsieur l'cousin du grand chien, avec sa figure de vaurien... Ton sérail est aux capucins, c'est pour ça que tu t'portes si bien : n'dirait-on pas qu'il y a d'*l'oignon*, à voir son grand pantalon !....., J'crois, ma foi, qu'j'avons raison ; car y n'a pas l'air trop luron. avec son aune de menton, sa mâ-

choire de munition et son nez de cor-
nichon.

Une Bergère. — L'on me disait toujours de venir à la ville pour apprendre de l'esprit; mais j'aime mieux
rester comme je suis, que d'apprendre de l'esprit comme ça.

La Poissarde. — Voyez-vous ma-
m'zelle Carabas, c'te belle Agnès de
prairie, qu'est encore plus sotte que
jolie! On n'dirait pas qu'elle y touche,
la petite sainte Nitouche... Dis donc,
mam'zelle au ruban vert, est-ce que
t'as vu la feuille à l'envers : l'derrière
de ta jupe est encore tout vert.

Une mère Angot.—Ah ciel! comme
la jeunesse est pervertie! c'est une
abomination! une exécration! L'enfer
est maintenant sur la terre, à n'en pas
douter. En vérité, si l'on n'y met ordre, une femme honnête ne pourra
plus sortir de chez elle sans rougir.

La Poissarde. — Oui dà, vraiment,
vieille tête de cire, échappée d'une ni-

che de St-Cyr ! va , on s'passera bien de ta présence. Mais voyez-vous c'vieux pot sans anse, c'vilain minosi d'ou-rang-outang, c'te carcasse de hareng, si elle n'a pas l'air d'un chat-huant?.. Et c'taut nigaud qui porte sa queue, s'y n'a pas l'air d'un petit *fiévreux*.

Un Nicolas. —Je ne vous disons pas d'sottises, moi, mam'zelle, vous n'de-vez pas m'en dire non plus, enten-dez-vous, mam'zelle ! ça n'est pas bien, ça.

La Poissarde.. —Il est b on là, l'lapin avec son bec de carlin :on dirait qu'y, s'met en colère, monsieur l'porte der-rière. V'là du beau monde, en vérité. Rangez-vous, laissez-les passer. On dirait qu'y vont dans l'Levant ponr se faire peindre en paravent.

Un don Quichotte. —Les dieux ont exaucé mes vœux ! Je te revois enfin. trop adorable Dulcinée. Tu m'es ren-due, et pour ne me quitter j'amais... non, chère et unique amie de mon cœur, jamais, jamais !

La Poissarde. — Ha ! Ha ! c'grand benêt a-t-il un air jaune, avec son cou long d'une aune, et puis sa mauvaise haquenée !.... que'que tu veux faire de c'te pique ? est-ce crainte que les mouches, ne t'piquent qu'tu portes c'bouclier ? A t'voir ainsi affublé, on dirait d'un chaudronnier qui porte sa ferraille au marché.

Le don Quichotte. — C'en est fait; je suis le plus malheureux des mortels ! ma chère Dulcinée divague, elle a l'esprit aliéné !

La Poissarde. — Entends- ce grand efflanqué ? A le voir aussi haut perché, on dirait qui va voler..... Va donc, guerrier empaillé. S'il n'a pas l'air d'un osier couvert avec du papier... Dis donc, l'amoureux tout doux, est-ce que vous allez chez Giroux, vous faire écorcher tout vif avec ton roussin poussif.

Un Fort.—Bonjour, Manette, comment qu'ça va, ma vieille ? As-tu bu l'eau d'af à c'matin? T'as l'air tout drôle, est-ce que t'es malade, ma mère?

La Poissarde. — Ta mère est à la broche, l'diable la retourne: entends-tu, vieux camphrier, avec ta voix enrhumée, t'as l'air de nous écorner, on dirait que tu veux nous faire aller.

Le fort. — Dis donc, Marie la chiffonnée, comme tu nous r'çois d'puis qu't'es requinquée, tant mieux pour toi, si t'es pimpante; mais n'fais donc pas tant ta fendante, ça ne te va pas, vilain oursin. N'faut pas avoir un air, au moins, sans ça j'te r'passe un moule de gants, quy n't'en restera pas une dent.

Fanchon rencontrant un Suprême bon-ton.

R'gardons don , Jérôme! ce Nigodème descendu de la lune, comme y nous fisque avec son gros morciau de varre sur l'œil : n'le prendrait-on pas pour zun événement ? Parlez don monsieu l'dézanché, c'est-y pour nous comme ça! Vilain morceau de contrebande! il a, ma foi, bon air avec ses mollets ni pu ni moins qu'des échalas plantés dans des bottes pour qu'on ne voie pas ses jambes tortueuses, et pis ses culottes ly montont zau menton? N'dirait-on pas un magot dans un sac?

Jérôme. — N'vois-tu pas qu'monsieu z'arrive de Toulon? il a laissé la moitié d'son habit au baigne : il a t'encore la tête tondue.

Fanchon. — Aveucqu' son grand chapiau d'Chinois, n'a-t-y par l'air de monsieu Bazire, le frère foiteux d'la Charité?

Le Suffisant gravement. — En vérité, on voit bien que vous êtes de la canaille.

Fanchon. — Parle don, hai!... avec ta canaille, vilain moule à singe, chienne de figure de la noce des pendus; voyez don c'grand escogriphe aveucqu'ses quatre zyeux et son corps planté sur des échasses, n'a-t'y pas l'air d'l'huissier du diable ? Parle don, général Jacot, vilain gibier d'potence, mon p'tit jeune homme au vieux visage. Y veut faire son queuqu'zun, avec sa mine de polichinelle, son corps z'est comme une flûte traparcière, son nez d'perroquet, sa bouche comme les pampines d'une vache qu'a la foire ; jé sommes d'la canaille, cousin d'mon chien, viande à faire de la pâtée, vieux bouquin, huit'pourrie? Quien, regardez doue c'visage de chauve-souris qui cherche à nous contrôler.

Jérôme. — Tir' - toi d'là, mille guieux, que j'ly cassissions l'escroquant du nez qu'est comme la canelle de Gargantua.

Fanchon. — Laiss' donc c'te tête d'caniche, c' pilier d'boul'vard avec ses vitraux pour n'être pas reconnu' restant de la bande à Cartouche: quien

quien, sa figure qui s'change comme zune femme t'en couche...

Jérôme. — Allons, finis, goayeuse : on rit zun peu, mais trop, c'est trop aussi. Embrasse monsieu, il a l'air d'un bon fiston.

Le Suffisant. — Vous êtes de bonnes zens !

Fanchon. — Allons, v'nez, amoureux des vingt mille vierges.

Le Suffisant se rendit,, se promettant de ne plus lorgner les femmes des halles.

DIALOGUE

ENTRE Mlle MANON ET M. THOMAS.

Chanson poissarde.

—

MANON.

Tredame, monsieur Thomas;
Vous nous r'luquez du haut en bas !
Toutes ces façons n'nous conv'nons pas.
Quoiqu'on n'soit qu'ravaudeuse de bas,
J'ons du foin dans nos souliers ;

J'ons refusé

D'épouser deux savetiers,

Trois porteurs d'eau, quatre écuyers ;
Ca fait pourtant des gens de métiers.

THOMAS

Tredame, mam'selle Manon,
J'vous r'luquons, c'est tout de bon
Ce n'est quà bonne intention ;
Car aussi j'vous épouserons.
J'sommes marchand de loterie ;
J'ons du débit :
Quand je serons votre mari,
Je distribuerons dans Paris
Les lots à grands et petits.

MANON.

Dam, c'est que j'ons un grand frère,
Qu'est soldat, il est fier ;
Il pourrait bien nous empêcher,
En se fâchant, de nous marier;
Il est grenadier, jarnigoi !
Il est, ma foi,
Plus haut que vous de trois bons doigt.

THOMAS.

Et! dieu, s'il est comme ça
Pensez-vous que j'navons pas,
Quand je sommes dans le cas,
Com'lui des pouces au bout des bras?
J'ons été le soldat du guet,
  J'ons frit l'balet ;
J'ons servi, s'il vous plaît,
Pendant trois ans de maître valet
Chez un exempt du Châtelet.

MANON.

Eh bien ! mon petit cœur,
Vous serez donc mon serviteur :
Vous méritez bien ce bonheur,
Puisqu'vous êtes un garçon d'honneur.
J'ons des parens dans not'maison,
  Ma tante Chiffon,
Ma grand'tante Troussaignon ;
Je vais les retrouver tout de bon,
Pour en avoir la permission.

103

THOMAS

El parsangué, Messieux,
Si vous êtes fort amoureux,
Mariez-vous, c'est pour le mieux ;
Car ça fait un plaisir joyeux.
Pour moi, je m'en sens fort en train,
De mam'selle Catin,

Dedans la rue Saint-Martin,
Tout vis-à-vis certain petit coin
Et j'en fais la demande drez demain.

LE TRIOMPHE DU CARÈME PRENANT.

AIR : partant pour la Syrie.

Quelle triste journée :
Ah! quel douleureux sort !
J'ai l'âme consternée,
Je meurs d'un gros rapport.
Entends bien ta santence,
Perfide Mardi gras !
Qu'une longue souffrance
Précède ton trépas !

AIR *Dn premier pas*

O mardi gras ! vois ce peuple en colère,
De tous côtés, demandant ton trépas.
Hareng, morue, inonderont la terre ;
Il faut quitter grands festins, bonne chère,
O mardi gras !

AIR : *Au beau clair de la lune.*

Oui, d'un cœur perfide,
Ne redoutons rien ;
La flamme rapide
L'atteindra fort bien.
Ses cris et ses larmes
Ne toucheront pas
Des gens pleins d'alarmes
Après longs repas.

AIR : *Du bon roi Dagobert.*

Le scélérat gémit
Et tout bas, en vain il se dit :
Plus de vin exquis,
De dindons farcis.
De tendres gigots
Et d'autres fricots !
Plutôt que de maigrir.
Mardi gras désire mourir.

Air de la Boulangère.

Du sobre carême prenant
  Célébrons l'arrivée,
Nous allons manger du hareng,
  De la morue salée.
Amis, répétez avec moi :
  Quelle bonne curée
    Ma foi !
  Quelle bonne curée !

NAÏVETÉ

Un homme de riante humeur
Et gros fermier de Normandie,
A son dogue, gros tapageur,
Donna le nom... Chut ! quoiqu'on die
Molière eut peut-être mieux fait
De taire jadis sur la scène
Le mot qui trouble tout bénêt,
Dont Dandin retrace la peine,
Les soupçons et le vain serment.
Puis Paul de Kock... ah ! qui peut croire

Au plus sot caprice vraiment ?
Or, Jean-Pierre, à certaine foire
Un jour se rendit ; et dispos
Revenait, quand son chien fidèle.
Fut reconnu non loin du clos
Par Lucas et petite Isabelle,
Qui, joyeux, crièrent soudain ;
En laissant l'herbe et la faucille ;
« C*** »—Bon ! Bon ! Jean n'est pas loin,
Se dit la mère de famille.

Impr. de Pommeret et Guénot, rue Mignon, 2.